Spannende Abenteuergeschichten
für Erstleser

Mit Silbentrennung zum
leichteren Lesenlernen

Spannende Abenteuergeschichten für Erstleser

Mit Silbentrennung zum leichteren Lesenlernen

Mit Bilder- und Leserätseln

Arena

Ein Verlag in der *westermann* GRUPPE

Der Bücherbär
1. Auflage 2020
© 2020 Arena Verlag GmbH, Rottendorfer Str. 16, 97074 Würzburg
Dieser Sammelband ist bereits unter dem Titel
„Spannende Abenteuergeschichten für Erstleser – Von Wikingern,
Piraten und wilden Drachen" erschienen.
Er enthält die Einzeltitel: „Pelle auf großer Fahrt", „Linus und die
wilden Seeräuber" und „Luka, der furchtlose Drachen-Reiter"
Alle Rechte vorbehalten

Texte: Frauke Nahrgang, Christian Seltmann
Innenillustrationen: Hans-Günther Döring, Irmgard Paule, Sonja Egger
Cover: Sonja Egger
Gesamtherstellung: Westermann Druck Zwickau GmbH
Printed in Germany
ISBN 978-3-401-71617-6

Besuche den Arena Verlag im Netz:
www.arena-verlag.de

Inhaltsverzeichnis

Frauke Nahrgang
Pelle auf großer Fahrt
Wikingergeschichten   11

Frauke Nahrgang
Linus und die wilden Seeräuber
Piratengeschichten   49

Christian Seltmann
Luka, der furchtlose Drachen-Reiter
Drachengeschichten   87

Frauke Nahrgang
geboren in Stadtallendorf, hat sich als Kinderbuchautorin einen Namen gemacht. Sie war Grundschullehrerin und beschäftigt sich schon seit vielen Jahren mit dem Erstleseunterricht.

Hans-Günther Döring
wurde 1962 in Hermannsburg geboren. Heute lebt er mit seiner Familie in der Nordheide bei Hamburg. Er hat in Hamburg Illustration studiert und zeichnet seitdem mit viel Lust und Liebe für Kinder. 2005 wurde er mit dem „Umweltpreis für Kinder- und Jugendliteratur" ausgezeichnet.

Frauke Nahrgang

Pelle auf großer Fahrt
Wikingergeschichten

Bilder von Hans-Günther Döring

Inhalt

Genau richtig   14

Gute Idee   24

Ein echter Schatz?   33

Geheimnisse   39

Lösungen   46

Genau richtig

Der starke Erik
und seine Wikinger
gehen auf große Fahrt.

„Darf ich mitfahren?",
bettelt Pelle.

Er ist Eriks Sohn.

Erik schüttelt den Kopf
und sagt:
„Du bist noch zu klein."

Pah!
Pelle ist sauer.

Heimlich geht er an Bord.

15

Dort steht eine Kiste.
Pelle steigt hinein
und macht den Deckel zu.

Durch ein kleines Loch
kann er hinausschauen.

☞ In welcher Kiste sitzt Pelle?

16

Wer schleicht da
auf dem Schiff herum?

Der böse Gabelbart
und seine Männer.

Plötzlich überfallen sie
den starken Erik
und seine Wikinger.

Haben die Bösewichter
wirklich alle Wikinger erwischt?

Gabelbart und seine Bande
feiern die ganze Nacht.

Pelle sitzt in seiner Kiste
und ist ganz still.

18

Endlich schlafen
die Bösewichter ein.

Leise krabbelt Pelle
aus der Kiste
und befreit die Wikinger.

Wohin mit Gabelbart
und seinen Männern?
Der starke Erik schlägt vor:
„Wir bringen sie
zu einer einsamen Insel."

„Eine gute Idee!",
findet Pelle.
„Dann kann Gabelbart
niemanden mehr ärgern."

Finde eine Insel,
auf der niemand wohnt!

Die Wikinger laden
Gabelbart und seine Männer
am Strand ab.

Die schnarchen laut
und merken nichts davon.

Schnell segeln
die Wikinger weiter.

22

Der starke Erik verkündet feierlich:
„Mein Sohn darf ab jetzt
mit uns auf große Fahrt gehen!"

„Bin ich nicht mehr zu klein?",
fragt Pelle.
Erik lacht und sagt:
„Du bist genau richtig!"

☞ Gut, dass Pelle so klein ist.
Weißt du, warum?

23

Gute Idee

Es ist Winter.
Die Wikinger bleiben daheim
und wärmen sich am Feuer.

Nur Pelle schleicht hinaus.
Er ruft leise: „Weißnase!"

Ein kleiner Wolf
kommt gelaufen.
Pelle füttert
und streichelt ihn.

Der kleine Wolf hat
kein Rudel mehr.
Deshalb möchte Pelle
ihn für immer behalten.

Aber Wikinger mögen keine Wölfe.
Wenn sie Weißnase entdecken,
ist der kleine Wolf verloren.

25

Plötzlich dröhnt eine Stimme:
„Wolfsalarm!"
Es ist der starke Erik.

Alle Wikinger laufen herbei
und schwingen ihre Äxte.
Der kleine Wolf flieht
in den Wald.

Die Wikinger stürmen hinterher.
Besorgt läuft Pelle ihnen nach.

26

Findest du den kleinen Wolf?
Aber verrate ihn nicht!

Auf einmal
bricht ein Schneesturm los.

Schnee!
Überall Schnee!

Die Wikinger verirren sich.

Müssen sie jetzt
draußen im Wald
jämmerlich erfrieren?

28

Da ruft Pelle laut:
„Weißnase!"
Schon ist der kleine Wolf da.

Er findet auch im Schneesturm
den richtigen Weg.
So führt er alle
sicher nach Hause.

30

Erik sagt dankbar:

„Weißnase hat uns gerettet.

Wollen wir den kleinen Wolf

nicht für immer behalten?"

Pelle lacht.

„Gute Idee, Papa!", sagt er.

„Das machen wir."

☞ Hatte Papa Erik
diese Idee wirklich zuerst?

Ein echter Schatz?

Die Wikinger werfen
den Anker
vor einer einsamen Insel.
Nach einer langen Reise
brauchen alle Erholung.

Pelle steht an der Reling.
Er schaut ins Meer
und beobachtet die Fische.

Plötzlich ruft eine Stimme:
„Pelle ist noch ein Knirps!"

Es ist Lars Langnase.
Der ist nur ein bisschen größer
als Pelle.

Aber immer will er Pelle ärgern.
Na warte!

Pelle stellt sich taub
und starrt weiter ins Wasser.

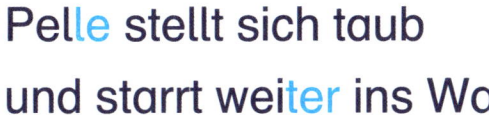

Neugierig kommt Lars näher.
„Was gibt es da zu sehen?",
fragt er.

Pelle sagt geheimnisvoll:
„Ich sehe einen Schatz."

„Wo?"
Lars stößt Pelle beiseite
und beugt sich über die Reling.

„Ich sehe nichts!", sagt er.
„Du musst genauer gucken!",
rät Pelle.

Lars beugt sich tiefer und tiefer.
Fast stößt seine lange Nase
ins Meer.

Auf einmal macht es plumps,
und Lars liegt im Wasser.

Herrlich, wie der Angeber
quiekt und prustet!

Kichernd schaut Pelle
über die Reling.

„Jetzt sehe ich auch
keinen Schatz mehr",
sagt er.
„Im Wasser schwimmt
nur noch
ein großer Blödmann."

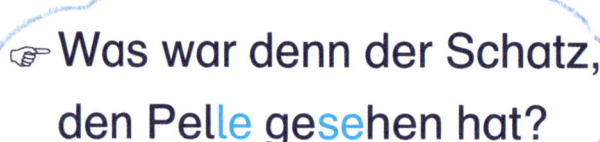

☞ Was war denn der Schatz,
den Pelle gesehen hat?

Geheimnisse

Ein Boot steht
auf dem Kopf.
Jeder Wikinger weiß,
was das bedeutet.

Unter dem Boot

erzählen sich die Wikinger

Geheimnisse.

Pelle liebt Geheimnisse.
Er schleicht sich an und lauscht.

39

☞ Welches Boot
hat Pelle gerade entdeckt?

Pelle hört zwei Stimmen.
Die eine Stimme flüstert:
„Bei Vollmond stehlen wir
das Drachenschiff
und segeln los."

Die andere Stimme flüstert:
„Dann gehört es uns
ganz allein."

40

Das stolze Drachenschiff
ist in Gefahr!

Zum Glück hat Pelle
die Stimmen erkannt.
Es sind Olof und Knut.

Schnell rennt Pelle ins Dorf.
Er erzählt Papa Erik
von dem bösen Plan.

41

Der Mond geht auf.
Da schleichen Olof und Knut
zum Strand.

Plötzlich ertönt auf dem Schiff
ein schauerliches Geheul.

Wie von selber
klatschen die Ruder
ins Wasser.

„Hilfe! Geister! Gespenster!"
Hals über Kopf
rennen Olof und Knut davon.

Kichernd kommen Pelle und Erik
aus ihrem Versteck.
„Die stehlen so schnell
kein Schiff mehr",
freut sich Pelle.

☞ Wer waren die Gespenster?

Zurück am Strand
stellt Papa Erik
ein Boot auf den Kopf.

„Was tust du?",
wundert sich Pelle.
„Ich will dir
ein Geheimnis erzählen",
sagt Erik.

Erik flüstert:
„Du bist
der beste Wikingersohn
auf der ganzen Welt."

„Juhu!", jubelt Pelle.
„Ich liebe Geheimnisse!"

Lösungen

Seite 16

In dieser Kiste sitzt Pelle:

Seite 21

Diese Insel ist unbewohnt:

Seite 27

Hier hat sich der kleine Wolf versteckt:

Seite 18

Nein! Pelle haben die Bösewichter nicht entdeckt. Er hat sich in einer Kiste versteckt.

Seite 23

Weil Pelle so klein ist, konnte er sich in der Kiste verstecken. Das hat die Wikinger gerettet.

Seite 30/31

Das ist der richtige Heimweg:

Seite 32

Nein. Pelle wollte Weißnase immer schon behalten.

Seite 38

Pelle sieht im Wasser sein Spiegelbild und die Fische.
Er hat gar keinen echten Schatz gesehen.
Pelle wollte Lars damit nur reinlegen.

Seite 40

Pelle hat ein Boot entdeckt, das kieloben am Strand steht.
Darunter erzählen die Wikinger sich Geheimnisse.

Seite 43

Die Gespenster waren natürlich Erik und Pelle.

Frauke Nahrgang,
geboren in Stadtallendorf, hat sich als Kinderbuchautorin einen
Namen gemacht. Sie war Grundschullehrerin und beschäftigt
sich schon seit vielen Jahren mit dem Erstleseunterricht.

Irmgard Paule
arbeitet seit dem Studium für Gestaltung als freie Grafikerin in
der Werbebranche und ist seit 1998 als freischaffende
Illustratorin tätig.

Inhalt

Ganz einfach 52

Tschüss, liebes Ungeheuer! 57

Guten Appetit! 65

Lese-Stunden für Piraten 73

Keine Angst 81

Lösungen 84

Ganz einfach

Heute ist ein wichtiger Tag
für Linus.
Zum ersten Mal darf er
mit den anderen Piraten
auf große Fahrt gehen.

Das Piratenschiff
„Esmeralda"
sticht gerade in See.

Wer ist Linus?

„Jetzt wirst du endlich
ein richtiger Pirat!",
freut sich Kapitän Kugelfisch.

Kugelfisch ist
der Piratenkapitän.
Und er ist
der Vater von Linus.

54

„Papa?", fragt Linus.
„Ist es gefährlich,
ein richtiger Pirat
zu sein?"

Kapitän Kugelfisch
schüttelt den Kopf.
„Es ist ganz einfach",
behauptet er.
„Keine Sorge,
ich bringe dir
alles bei."

☞ Wie soll Linus alles
über das Piratenleben lernen?

Tschüss, liebes Ungeheuer!

„Keine Angst
vor See-Ungeheuern!",
mahnt Kapitän Kugelfisch.
„Ein richtiger Pirat
wird leicht
mit ihnen fertig.
Pass auf,
ich zeige es dir!"

Kapitän Kugelfisch brüllt:
„Wo seid ihr,
ihr hässlichen Biester?"

Schwupp –
taucht ein Riesenkopf
aus dem Wasser.
Ein echtes See-Ungeheuer!
Das sieht sehr beleidigt aus.

☞ Warum ist das See-Ungeheuer beleidigt?

Das Ungeheuer
packt Kapitän Kugelfisch
und schwenkt ihn
durch die Luft.

„Lass mich los!",
schreit der Kapitän.
Aber das Ungeheuer beißt
noch fester zu.

Da ruft Linus:
„Entschuldige bitte!
Papa hat es sicher
nicht böse gemeint."

Verblüfft spitzt das Ungeheuer
die Ohren und kommt näher.

Linus streichelt
das Ungeheuer.
Da wird es ganz zahm
und schnurrt.

Schließlich spuckt es
den Kapitän wieder aus.

„Tschüss, liebes Ungeheuer!",
ruft Linus und winkt.

Das Ungeheuer
wedelt zum Abschied
mit dem Schwanz.
Dann taucht es ab.

„Da – da – danke",
stottert Kapitän Kugelfisch.

„Ich danke dir",
sagt Linus.
„Nun weiß ich,
wie ein richtiger Pirat
mit See-Ungeheuern
fertig wird."

 Wie ist Linus mit dem Ungeheuer

fertig geworden?

64

Guten Appetit!

An der Angel von Holzbein-Erik
zappelt ein prächtiger Hummer.
Was für ein Fang!

Kapitän Kugelfisch
sperrt das Tier
in ein altes Fass
und sagt:
„Morgen gibt es
Hummersuppe!"

Aber Linus jammert:
„Der Hummer hat
so treue Augen.
Den kann man doch
nicht aufessen."

„Unfug!",
findet der Kapitän.
„Richtige Piraten
lieben Hummersuppe."

☞ Warum jammert Linus?

In der Nacht holt Linus
den Hummer heimlich
aus dem Fass.

„Ich lass dich frei",
flüstert er.
Aber in diesem Augenblick
wird er selber gepackt.

67

Der böse Mispelzahn
und seine Schurken!
Sie haben das Schiff
überfallen
und die anderen Piraten
gefesselt.

Sogar den Kapitän!
Jetzt ist alles aus!

Doch plötzlich
schnappt der Hummer zu.
Mit seinen starken Zangen
kneift er Mispelzahn
in den Po.
Au!

Heulend springt
der Bösewicht über Bord.
Alle Schurken springen
hinterher.

69

Schnell befreit Linus
die Piraten.

Kapitän Kugelfisch murmelt:
„Der Hummer hat
uns gerettet.
So ein treues Tier
kann man doch
nicht aufessen."

☞ Wie kommt der Hummer zu seinen Freunden?

„Da hast du wirklich recht,
Papa!",
ruft Linus fröhlich.
„Essen wir Hefeklöße.
Die lieben Piraten
sicher auch."

Lese-Stunden für Piraten

Linus schaukelt
in seiner Hängematte
und liest.

Papa Kugelfisch
schüttelt den Kopf.
„Richtige Piraten müssen
nicht lesen können",
findet er.

Was treibt da
auf den Wellen?
Eine Flasche!
Schnell zieht der Kapitän
sie an Bord.

In der Flasche steckt
ein Stück Papier.
Vielleicht ist es eine Schatzkarte?

Ungeduldig
rollt Kapitän Kugelfisch
das Papier auf.

Doch außer ein paar Zeichen
ist nichts darauf.
Enttäuscht will der Kapitän
das Papier zerreißen.

75

„Halt!", ruft Linus.
„Diese Zeichen sind Buchstaben."

Er liest vor:

„Auf der Papageien-Insel
bei den drei Palmen
unter dem großen Stein
liegt ein Schatz."

Sofort segeln die Piraten los.

☞ Aufgabe: Welche ist die Papageien-Insel?

77

Auf der Papageien-Insel
gibt es wirklich
drei Palmen,
einen großen Stein
und einen echten Schatz.

78

„Genau wie Linus
vorgelesen hat",
staunt Papa Kugelfisch.
„Richtige Piraten müssen
also doch lesen können.
Ab morgen gibt es
Lese-Stunden für alle."

„Auch für dich, Papa?",
fragt Linus.

Kapitän Kugelfisch lacht.
„Nicht nötig", sagt er.
„Ich kenne nämlich
jemanden, der mir sicher
gerne vorliest."

☞ Wen meint der Kapitän?

Keine Angst

Der Mond scheint.
Die anderen Piraten
schlafen schon.

Nur Linus
und Kapitän Kugelfisch
sitzen noch
auf der Reling.

Zufrieden
kuschelt Linus
sich an Papa Kugelfisch
und sagt:
„Es ist
wirklich einfach,
ein richtiger
Pirat zu sein."

Der Kapitän kratzt sich den Bart.

„Aber manchmal
ist es auch gefährlich",
murmelt er.
„Doch wenn du bei mir bist,
habe ich überhaupt keine Angst."

☞ Warum hat Kapitän Kugelfisch keine Angst?

Lösungen

Seite 53:

Linus ist der Junge an Bord der Esmeralda.

Seite 56:

Linus soll alles über das Piratenleben
von seinem Vater lernen.

Seite 58:

Der Kapitän hat das See-Ungeheuer beschimpft.
Deshalb ist es beleidigt.

Seite 64:

Linus streichelt das Ungeheuer.
Da wird es ganz zahm.
Hier siehst du das richtige Bild:

Seite 66:

Linus jammert, weil er Mitleid mit dem Hummer hat.

Seite 71:

So kommt der Hummer zurück ins Meer:

Seite 77:

Das ist die
Papageien-Insel:

Seite 80:

Kapitän Kugelfisch hofft, dass Linus ihm vorliest.

Seite 83:

Papa Kugelfisch ist froh, dass Linus bei ihm ist.
Denn Linus hat ihn ja vor dem See-Ungeheuer
und den bösen Piraten gerettet.

85

Christian Seltmann
studierte Geschichte, Germanistik und Philosophie in Bochum.
Heute lebt er in Coburg, wo er unter anderem
als Autor von Drehbüchern, Hörspielen oder Theaterstücken
und als Übersetzer tätig ist.

Sonja Egger
wurde 1967 in Graz geboren. Sie studierte das Fach
Bühnenbild an der Universität für Darstellende Kunst in Wien
und absolvierte eine Grafik-Ausbildung. Seit einigen Jahren ist
sie als freischaffende Illustratorin für verschiedene Verlage tätig.

Christian Seltmann

Luka, der furchtlose Drachen-Reiter

Drachengeschichten

Bilder von Sonja Egger

Inhalt

Luka und Taran   90

Wettrennen für Drachen   101

Drachen-Suppe gegen Schnupfen   110

Das große Drachenreiter-Fest   116

Lösungen   122

Luka und Taran

Luka ist erst sieben Jahre alt.
Aber er wagt sich ganz nah
an die Drachen-Höhle heran.

Taran, der Drache, schläft.
„Wach auf!", ruft Luka.
Denn er will ein Drachen-Reiter sein.

90

Luka weiß,
dass Drachen-Reiter
furchtlos sein müssen.

Mutig nimmt Luka einen
langen Grashalm und
kitzelt Taran damit in
der Nase.

☞ Wie alt ist Luka?

Das kribbelt ganz fürchterlich.
Taran muss niesen.
Dabei speit er kleine Flammen
aus den Nasenlöchern.

„Warum weckst du mich?",
faucht Taran.

Luka nimmt
all seinen Mut zusammen:
„Lass uns reiten!"

Taran blickt ihn prüfend an:
„Bist du nicht noch zu klein,
um ein Drachen-Reiter zu sein?"

Luka schüttelt den Kopf:
„Ich habe keine Angst!"

Taran flattert mit den Flügeln.
Luka muss seine Mütze festhalten,
damit sie nicht wegweht.
„Lass sehen!", sagt Taran und
nimmt Luka auf den Rücken.

Taran schlägt mit den Flügeln.
Sie heben ab.

„Hast du keine Angst,
wenn wir durch die Wolken fliegen?",
ruft Taran.

„Drachen-Reiter müssen furchtlos sein!"
Luka schüttelt tapfer den Kopf:
„Ich habe keine Angst!"

„Versprochen?", fragt Taran
und stürzt sich in ein Gebirge
aus düsteren Wolken.

„Versprochen!", ruft Luka.

Ganz dunkel wird es.
Aber das Drachen-Reiten
macht viel Spaß.

96

„Ist das schon alles?",
spottet Luka.
„Na warte!", lacht Taran.
Der Drache hat Spaß
mit so einem mutigen Reiter.

Taran schlägt
einen Purzelbaum in der Luft.
Mitten durch eine dicke Wolke!

„Mehr!", ruft Luka.
Taran lacht laut
und fliegt schneller.

Sie jagen im Sturzflug
der Erde entgegen.
Luka klettert
von Tarans Rücken.

„Du bist wirklich
ein furchtloser Drachen-Reiter!",
lobt Taran seinen neuen Freund.

„Mit dir macht es mehr Spaß als
mit allen anderen Reitern!"

☞ Wenn Taran mal keine Lust zum Fliegen hat,
versteckt er sich.
Kannst du ihn finden?

Wettrennen für Drachen

Luka und Taran wollen
das Drachen-Rennen gewinnen.

Als sie zum Start kommen,
erschrickt Luka:
„Die anderen Drachen
sind viel größer als du!"

101

„Na und?", lacht Taran.
„Die anderen Reiter
sind viel älter als du."

Ein riesiger chinesischer Drache
sieht auf Luka herab.
„Na, du Knirps?"
„Wart's nur ab", brummt Taran.

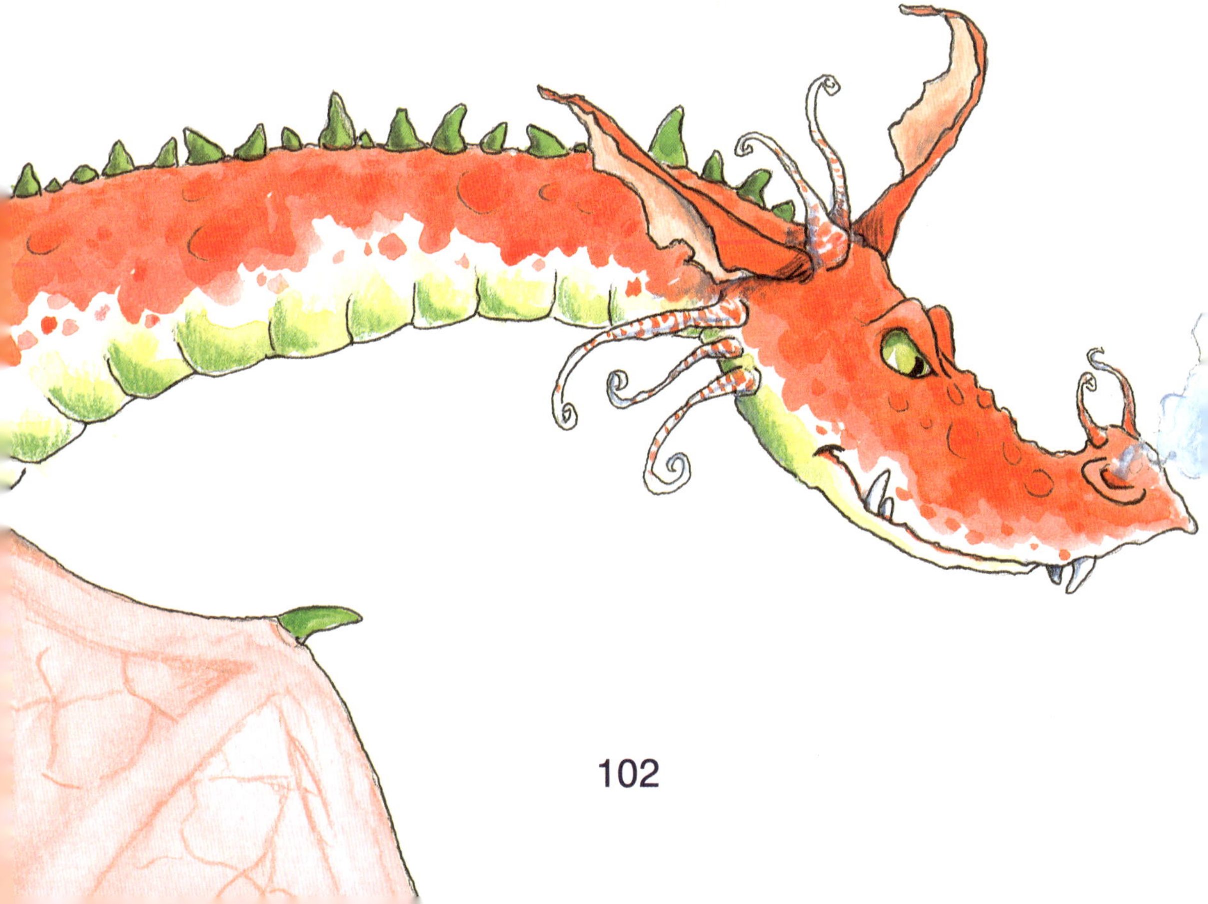

Ein großer schwarz-grüner
Pocken-Drache
fletscht seine Zähne.

Da fällt schon der Start-Schuss
„Los!"
Taran schlägt mit den Flügeln,
so schnell er kann.

„Schneller!"
Luka hält sich gut fest.
Taran jagt durch eine enge Spalte
zwischen zwei Felsen.

Luka dreht sich um.
Der Pocken-Drache steckt fest.
„Gut gemacht!", ruft Luka.

☞ Wo steckt
der Pocken-Drache fest?

Da taucht
der chinesische Drache auf.
Er macht
ein ganz gemeines Gesicht.

„Pass auf!", schreit Taran.
Luka kann
einem Flammen-Stoß
gerade noch ausweichen.

„Schüttle ihn ab!", ruft Luka.
„Lass dir was einfallen", ruft Taran.

Luka schneidet dem Drachen
und seinem schrecklichen Reiter
eine Fratze.

„He, ihr!", ruft Luka.
Der Reiter muss grinsen.
Taran streckt
seine Zunge heraus
und schielt mit den Augen.

Der chinesische Drache
und sein Reiter müssen lachen.
So sehr, dass sie landen müssen.

Da macht Taran
einen Satz nach vorn.
Sie haben das Ziel erreicht.
„Erster!", jubelt Luka.
„Gewonnen!", ruft Taran.

Drachen-Suppe gegen Schnupfen

Heute ist Taran traurig.
„Was hast du?", fragt Luka.
Taran faucht trübe vor sich hin.
„Ein Nasenloch ist verstopft!"

Tatsächlich!
Nur aus einem kommt Rauch.
„Wie kann ich dir helfen?",
fragt Luka.

Taran zuckt mit den Flügeln.
„Keine Ahnung!"

„Kamillen-Tee?", fragt Luka.
„Bäh!", sagt Taran trotzig.

Luka holt eine Luftpumpe.
„Wir pusten dich durch!"
Doch Taran schüttelt den Kopf.

 Mag Taran Kamillen-Tee?

Luka fragt Jaromir,
den weisen Drachen-Reiter.
„Ich verrate dir ein Zauber-Rezept",
sagt Jaromir geheimnisvoll.

„Was ist das für ein Rezept?",
fragt Taran neugierig.
Doch Luka verrät nichts.

Nacheinander wirft Luka
in den Suppentopf:
10 Radieschen,
15 scharfe Chili-Schoten,
30 Zwiebeln,
eine Knolle Knoblauch
und ein Stück Ingwer.

„Bäh!", macht Taran,
als er die Suppe trinkt.
„Das kribbelt!"

Von ganz tief hinten
aus dem Rachen
steigt es scharf
und kratzig auf.

„Ha-ha-hat-schi!"
Taran speit
zwei mächtige Flammen.

„Hurra!", ruft Luka.

„Aufsitzen!", lacht Taran.

Und schon sind sie

in den Wolken verschwunden.

☞ Was gehört nicht in die Suppe?

Das große Drachenreiter-Fest

Taran und Luka besuchen
das Drachenreiter-Fest.

Luka ist schon ganz gespannt.
Da erblicken sie
die Drachen-Reiter:
Das sind finstere Gesellen!

Beim Fest gibt es
furchtbar viel zu essen.

Es gibt Prügeleien
und riesige Lagerfeuer.
Das lieben die Drachen-Reiter.

☞ Was gibt es beim Drachenreiter-Fest?

Luka und Taran sind ganz anders.
Sie betreten den Festplatz,
heben sich in die Luft
und singen ihr Lied:

„Mit dir will ich zu allen Zeiten
durch die höchsten Wolken reiten.
Denn man nennt uns Drachen-Reiter.
Richtig! Hurra!"

Die anderen Drachen und Reiter
gucken komisch.

Luka und Taran singen:
„Wir fliegen los mit tausend Sachen –
sind wir zusammen,
gibt es nichts als Lachen!
Wo wir sind, da muss es richtig krachen.
Hurra!"

Der weise Jaromir räuspert sich
und summt mit.
Und plötzlich stimmen alle Reiter
und Drachen ein:

„Mit dir will ich zu allen Zeiten durch
die höchsten Wolken reiten.
Denn man nennt uns Drachen-Reiter.
Richtig! Hurra!"

☞ Welcher Drache gehört zu welchem Reiter?

Lösungen

Seite 91:

Luka ist sieben Jahre alt.

Seite 100:

Hier versteckt sich Taran:

Seite 105:

Der Pocken-Drache steckt
in einer engen Fels-Spalte fest.

Seite 109:

So findet Taran in
seine Höhle zurück:

Seite 111:

Taran mag keinen Kamillen-Tee. Den findet er scheußlich.

Seite 115:

Das gehört nicht in die Suppe:

Seite 117:

Das Drachenreiter-Fest ist
wirklich eine wilde Veranstaltung:
Es gibt viel zu essen, Prügeleien
und riesige Lagerfeuer.

Seite 121:

So gehören die Drachen
und Reiter zusammen:

Themengeschichten mit Silbentrennung

Fußballgeschichten
978-3-401-71535-3

Ponygeschichten
978-3-401-71568-1

Monstergeschichten
978-3-401-71650-3

Detektivgeschichten
978-3-401-71651-0

Jeder Band: Ab 6 Jahren • *Themengeschichten mit Silbentrennung* • Durchgehend farbig illustriert • 48 Seiten • Gebunden • Format 17,5 x 24,6 cm

Mit Bücherbärfigur am Lesebändchen

Große Fibelschrift und Zeilentrennung nach Sinneinheiten

Mit Bilder- und Leserätseln

Einfache Geschichten mit kurzen Zeilen

Mit Silbentrennung

Viele farbige Bilder

Innenseite aus »*Erdbeerinchen Erdbeerfee – Lustige Zaubergeschichten*« ISBN 978-3-401-71360-1

Diese Reihe ist auf die Fähigkeiten von Leseanfängern abgestimmt: Übersichtliche Leseeinheiten und kurze Zeilen sind ideal zum Lesenlernen. Das Hervorheben der Sprechsilben hilft dabei, ein Wort richtig lesen und verstehen zu können.

Empfohlen von ***westermann***

Der Bücherbär
1. Klasse

Eine durchgehende Geschichte

Zwei Meermädchen und ein flossenstarkes Abenteuer
978-3-401-71610-7

Tilda Apfelkern
Beste Freunde und ein Regenbogen-Picknick
978-3-401-71652-7

Millis erster Schultag
978-3-401-71653-4

Das Geheimnis der Piratendrachen
978-3-401-71580-3

Jeder Band: Ab 6 Jahren • *Eine durchgehende Geschichte* • Durchgehend farbig illustriert • 48 Seiten • Gebunden • Format 17,5 x 24,6 cm

Zeilentrennung nach Sinneinheiten

Bildergeschichten erleichtern das Leseverständnis

Mit Bücherbärfigur am Lesebändchen

Große Fibelschrift

Viele farbige Bilder

Innenseite aus »*Millis erster Schultag*«
978-3-401-71653-4

Diese Reihe richtet sich an Leseanfänger in der 1. Klasse. Mit der großen Schrift, den kleinen Kapiteln und den vielen farbigen Bildern macht das erste Lesen viel Spaß.

Empfohlen von westermann